La plante du bonheur

Texte : René Gouichoux
Illustrations : Claire Frossard

Deux niveaux de lecture

Lire des phrases → et les phrases en gros caractères : enfant lecteur
Lire un texte : lecteur confirmé ou adulte

Le papier de cet ouvrage est composé de fibres naturelles, renouvelables, fabriquées à partir de bois provenant de forêts gérées de manière responsable.

➡ J'ai fini de semer et je m'ennuie.

I
Le départ

Comme souvent, je joue dans le jardin de ma grand-mère.
Aujourd'hui, je viens de semer des graines et je lui demande :
– Tu crois que mes graines vont germer rapidement ?
Installée dans son fauteuil, Grand-mère me regarde
et sourit tranquillement.
– Ça dépend, dit-elle. Certaines graines germent très vite,
d'autres sont plus lentes. Il te faudra apprendre la patience.
– Oui, mais j'ai fini de semer et je m'ennuie.

Grand-mère me demande alors très doucement :
– Connais-tu la plante du bonheur, Petit Mulot ?
– Non, Grand-mère.
– Ah ah ! dit ma grand-mère en riant et en se levant de son fauteuil. On raconte que la plante du bonheur se trouve là-bas, de l'autre côté de la rivière, au bout de la prairie.
Et ma grand-mère pointe sa patte en direction de l'horizon.
Aussitôt, je décide de rapporter la plante du bonheur.

Le temps de préparer mes affaires et d'embrasser ma grand-mère et je quitte la maison. Hop ! Je bondis sur le chemin et je rejoins vite la rivière.
Dans le fil du courant se trouve un passage de pierres. Hop et hop ! Je saute d'une pierre à l'autre et j'atteins facilement l'autre rive.

    Encouragé par cette réussite, je traverse la prairie.
Je me faufile entre les hautes herbes. Au bout, je découvre
ma récompense : un champ couvert de magnifiques fleurs jaunes,
lumineuses comme autant de petits soleils.
La plante du bonheur, sans aucun doute !
Tout heureux, je sifflote :
– Pas plus dur que ça !
Juste à ce moment-là, passe une vache.
– Bonjour Dame Vache, lui dis-je, tu as bien de la chance
d'habiter à côté d'un champ couvert de la plante
du bonheur.
Mais la vache me regarde avec étonnement.

— *Ces fleurs jaunes sont des tournesols, dit Dame Vache.*

II
Dans la vallée

– Ces belles fleurs jaunes sont des tournesols, dit Dame Vache. La plante que tu cherches se trouve surement de l'autre côté des collines. Et elle ajoute :
– Bon courage à toi.
Je lui réponds :
– Belle journée, Bonne Vache.

Je regarde vers l'horizon. Oh là là ! J'aperçois les collines mais elles me semblent si éloignées, presque perdues dans la brume. Quelle déception !
Je soupire mais je songe rapidement :
– Comment revenir sans la plante du bonheur ? Que dirait Grand-mère ? Que je suis un petit mulot de rien du tout ? Je dois être digne de son amour. Et hop ! Je repars de plus belle sur le chemin.

Mais, tout à coup, une énorme bête rousse m'empêche d'avancer.
– Alors, Petit Mulot, on se balade ? ricane-t-il.
Le renard ! Ce n'est pas le moment de flancher.
Je réprime les tremblements qui agitent mes quatre pattes et réplique :
– Oui, je me balade, comme tu dis… Et alors, le chemin t'appartient, peut-être ?
— Justement, oui ! gronde Renard qui s'avance, menaçant.
Mais, à l'instant même, retentit un sonore « Meuuuuh ».
La vache ! La Bonne Vache ! Elle fait claquer ses sabots sur le sol, se préparant à l'attaque. Le renard s'enfuit à toutes jambes. Je remercie ma bonne amie et je poursuis ma route.

J'arrive au fleuve sans encombre. Dans la foulée, je passe sur un pont. Je n'ai qu'une idée en tête : franchir les collines. Je découvre ma récompense dans la vallée : un champ rempli de plantes bleues odorantes.
La plante du bonheur, sans aucun doute !
Mais voici qu'une clochette tintinnabule.

➡ – *Alors, Petit Mulot, on se balade ? ricane le renard.*

— Ces fleurs bleues sont des lavandes, dit Dame Chèvre.

III
Sur la montagne

Je me retourne. Une chèvre me fait face.
– Hé hé, Petit Mulot, dit-elle, tu te régales en respirant ce bon parfum ?
– Bonjour Dame Chèvre, oui, je me régale, vous avez ici
une merveilleuse plante du bonheur.
Mais, tout comme Dame Vache, Dame Chèvre me détrompe :
– Ce n'est pas la plante du bonheur, dit-elle.
Ces fleurs bleues sont des lavandes.
Elle indique alors une direction avec sa patte.
– À mon avis, reprend-elle, la plante que tu cherches
se trouve surement dans la montagne, tout au fond, là-bas.
Je suis déçu. Cette lavande embaume tant !
Cependant, arrivé jusqu'ici, je ne peux plus reculer. J'ai entrepris
de ramener la plante du bonheur et je dois accomplir ma mission.

Sans plus attendre, je salue Dame Chèvre et me dirige vers la montagne. J'avance vers le fond de la vallée, l'œil rivé sur mon objectif : les pentes de la montagne.
Ça y est ! J'y suis ! À moi la plante du bonheur !
Allez, en avant et vite !
J'escalade, j'escalade encore. Bientôt, les buissons se font plus rares, les roches sont plus nombreuses et la pente plus ardue. Mais je ne faiblis pas. Il faut grimper, alors je grimpe. En haut, bien à l'abri d'un rocher, je découvre ma récompense : une fleur toute blanche, d'un blanc éclatant.
La plante du bonheur, sans aucun doute !

Je m'apprête à la cueillir mais, à ce moment-là, un chamois s'interpose :
– Il est interdit de cueillir l'édelweiss, Petit Mulot, dit-il. Cette plante est protégée parce qu'elle est rare, ajoute-t-il. La cueillir signifierait la rapide disparition de l'espèce. Aussi, régale-toi avec les yeux.
– D'accord, Cher Chamois, mais sais-tu où je peux trouver la plante du bonheur ?
– Passe de l'autre côté de la montagne, répond le chamois, tu la trouveras surement.

Sans plus attendre, je repars. Je n'ai plus qu'une idée en tête : franchir cette montagne et découvrir la plante rêvée de l'autre côté.

Au hasard de mon ascension, je rencontre une étendue d'eau. Ça tombe bien, j'ai soif ! Mais, comme je m'approche, je découvre la vérité : il s'agit d'un lac gelé.
Je m'avance prudemment. Dzoum ! J'essaie une glissade.
Allez, un peu plus vite... Je glisse encore.
Oh là là ! Ça va trop vite !
Impossible de m'arrêter ! Je prends de la vitesse...
et je tombe dans un trou !

➡️ *Oh là là ! Ça va trop vite ! Je prends de la vitesse…*

→ *– Je suis Sage Marmotte. Qu'est-ce qui t'amène par ici ?*

IV
Le retour

Bing ! J'arrive tout contre une fourrure chaude...
Un ours ? Brrrr... Mais je n'ai pas le temps de m'en inquiéter.
Une voix douce me dit :
– Comment va le petit promeneur qui se cogne contre ma patte ?
Mes yeux ne sont pas encore habitués à la pénombre. Je demande :
– Qui es-tu ?
– Je suis Sage Marmotte, répond la voix.
Qu'est-ce qui t'amène par ici ?
– Eh bien voilà, Sage Marmotte...
Je raconte toute mon histoire et je conclus en disant :
– Et toi, connais-tu la plante du bonheur ?

Et là, Sage Marmotte me répond :
– Rentre chez toi, raconte tes aventures à ta grand-mère et alors, tu découvriras la plante du bonheur.
– Mais, je suis venu pour…
Sage Marmotte m'interrompt :
– Taratata, ne discute pas ! Et fais ce que je te dis.

Je fais confiance à Sage Marmotte. Le temps de me rafraichir à la source du torrent et de croquer quelques fruits, je repars vers le jardin de ma grand-mère. En rentrant, j'ai le temps de repenser aux paroles de Sage Marmotte :
– Raconte tes aventures et tu trouveras la plante, disait-elle. Mais comment est-ce possible ?

➡ *Petit Mulot rentre chez sa grand-mère.*

J'ai tant et tant réfléchi que je n'ai pas vu le temps passer. De nouveau, j'ai escaladé la montagne, couru dans la vallée, franchi les collines, traversé le champ, couru dans la prairie, franchi la rivière, pris le chemin et me voilà, ici, de retour chez ma grand-mère Mulot.

Elle m'accueille avec un grand sourire :
– Ah ! Te voilà, mon Petit Mulot !

Je lui raconte alors toute mon épopée. J'évoque la Bonne Vache, la Gentille Chèvre, l'Agile Chamois et enfin la Sage Marmotte.
Et plus je parle, plus les yeux de ma grand-mère s'éclairent. En regardant avec attention, j'y retrouve le blond des tournesols, le bleu de la lavande ainsi que le blanc de l'édelweiss.
La plante du bonheur, c'est tout simplement le sourire de ma grand-mère et ses yeux qui brillent de joie à m'écouter !
La plante du bonheur, c'est tout l'amour de ma grand-mère pour moi.

Alors je chuchote à son oreille :
– Regarde au fond de mes yeux, Grand-mère.
Grand-mère regarde, elle regarde encore et elle sourit de son plus beau sourire. Car la plante du bonheur se tient aussi dans mes yeux.
– Merci mon Petit Mulot, me dit-elle.
Je me blottis contre elle et nous restons là, longtemps, à regarder la lune.

— *Merci mon Petit Mulot, me dit Grand-mère.*

Doc — L'eau, les plantes

Les plantes ont besoin d'eau pour se développer.
Les végétaux se développent avec l'eau de pluie et/ou l'eau des systèmes d'arrosage.

Champs de maïs

De la terre craquelée par la sécheresse.

Un système d'arrosage dans un champ de maïs.

et la nature

Les réserves d'eau peuvent s'épuiser.
C'est pourquoi, par temps sec,
on doit réduire la distribution d'eau.
Il ne faut pas gaspiller l'eau !

Le dictionnaire

chercher : verbe.

1. Chercher, c'est s'efforcer de trouver, de découvrir quelque chose ou quelqu'un.
Petit Mulot cherche la plante du bonheur.

2. Chercher, c'est essayer de trouver une solution, une idée. *Marine réfléchit, elle cherche la solution à la question.*

demander : verbe.

1. Demander, c'est désirer, vouloir quelque chose : **réclamer**.
Julie demande un verre d'eau.

2. Demander, c'est chercher à savoir quelque chose en posant une question : **interroger**.
Grand-mère me demande : connais-tu la plante du bonheur ?

franchir : verbe.

1. Franchir, c'est passer par-dessus : **sauter, gravir**.
Petit Mulot franchit la rivière puis les collines.

2. Franchir, c'est aller au-delà d'une limite : **dépasser**.
Le dernier coureur vient de franchir la ligne d'arrivée.

© D. Cathelin